JOFROI

*Film écrit et réalisé en 1934
d'après « Jofroi de la Maussan »,
nouvelle de Jean Giono (Solitude de la pitié).
Éditions de la Nouvelle Revue Française.*

ŒUVRES DE MARCEL PAGNOL

Dans cette collection :

MARCEL PAGNOL
de l'Académie française

JOFROI

FORTUNIO

Editions de Fallois

Photographie de la couverture :
Jofroi : Vincent Scotto
Au dos de la couverture :
Jofroi : Vincent Scotto
Tonin : Charles Blavette
dans le film *Jofroi*, 1933.

© Marcel Pagnol, 1990.

ISBN : 2 - 87706 - 067 - 5
ISSN : 0989 - 3512

ÉDITIONS DE FALLOIS, 22, rue La Boétie, 75008 Paris.

DISTRIBUTION

JOFROI	*Vincent Scotto*
FONSE	*Henri Poupon*
BARBE	*Mme Toinon*
TONIN	*Ch. Blavette*
L'INSTITUTEUR	*A. Robert*
LE CURÉ	*Tyran*

JOFROI

*Nous sommes dans l'étude du notaire, à
Manosque. Des meubles à casiers cachent
presque entièrement les murs. Le notaire, qui a
une belle barbe, siège derrière un bureau très
ancien, encombré de piles de dossiers.*

*Devant le bureau est assis Jofroi. C'est un
vieux paysan, sa moustache et ses cheveux sont
blancs. C'est le propriétaire du verger de la
Maussan, un verger vénérable, près d'un
hameau perdu dans les Basses-Alpes. Il est
petit, mais il parle avec une grande autorité.*

*Auprès de lui, il y a Fonse. C'est un paysan
robuste, d'une quarantaine d'années. Sa moustache est très noire, et il a de belles dents.*

*Au fond, dans un coin de l'étude, une femme
est assise modestement. C'est Barbe, la vieille
épouse de Jofroi. Elle est timide, et un peu*

*triste. Son visage ridé est égayé de virgules de
poils blancs.*

*Le notaire tient à la main un acte de vente,
qu'il vient de lire à haute voix.*

LE NOTAIRE

Vous avez bien compris, Jofroi?

JOFROI

Oui, j'ai bien compris. Il va me donner
douze mille francs.

LE NOTAIRE

C'est ça, il va vous donner douze mille
francs.

FONSE

Et toi, Jofroi, tu me donnes le verger de la
Maussan. Nous sommes bien d'accord?

JOFROI

Oui, je te vends mon verger de la Maussan.

BARBE *(timidement)*

Le verger, mais pas la maison.

JOFROI *(sévère)*

Tais-toi, Barbe! Le verger, mais pas la maison.

FONSE

C'est ça.

JOFROI

Je te vends le verger, mais pas la maison.

BARBE

Rien que le verger de la Maussan.

JOFROI *(sévère)*

Tais-toi, Barbe! Tu as fini de te mettre au milieu? *(Il se tourne vers le notaire.)* Rien que le verger... Vous l'avez bien mis sur le papier?

LE NOTAIRE

Ça y est, ne vous inquiétez pas.

JOFROI

Parce que la maison, je me la garde. Elle vaut cher la maison... N'est-ce pas, Barbe? *(Véhément.)* Dis un peu qu'elle vaut cher!

BARBE *(convaincue)*

Ah oui, qu'elle vaut cher!

JOFROI

Nous avons fait refaire le toit juste avant la guerre, en 1905. Alors, je me la garde, la maison.

Fonse répond patiemment.

FONSE

Nous sommes d'accord.

Barbe se lève et fait un pas vers eux.

BARBE

Où ils sont les sous?

*Fonse sort un très vieux portefeuille, gonflé
par une liasse de billets de cent francs.*

FONSE

Ils sont là, les voilà.

JOFROI *(avide)*

Donne-les-moi!

FONSE

(il repousse la main crochue du vieillard)

Tout à l'heure, Jofroi, quand tu me donne-
ras le papier signé.

11

JOFROI *(indigné)*

Alors tu crois que je vais te donner le papier signé si tu ne me donnes pas les sous?

FONSE

Et toi, Jofroi, tu crois que je vais te donner les sous avant que tu m'aies donné le papier signé?

BARBE *(angoissée)*

Ça, c'est fort, par exemple! Dites, Monsieur le Président...

JOFROI *(nerveux et brutal)*

Où tu vois un président? Tu es folle, ma pauvre vieille! Sa tête se perd, peuchère... *(A Fonse.)* Alors tu les donnes les sous?

FONSE *(comme l'on parle à un enfant)*

Qu'est-ce qu'on fait, Jofroi, quand on va

chez le marchand? Il te donne ce que tu achètes, et tu lui donnes les sous après.

LE NOTAIRE

Allons, allons, ne perdons pas de temps. Fonse, c'est à moi qu'il faut donner l'argent, et c'est moi qui vous remettrai le papier.

FONSE

Comme ça, c'est mieux. Tu comprends, Jofroi, ça ne veut pas dire que je n'aie pas confiance en toi...

JOFROI *(écœuré)*

Tu as tellement confiance que tu veux pas me donner les sous. Oh maintenant, je te connais bien!

BARBE

N'aie pas peur, Jofroi, puisque Monsieur le Président va te les donner!

Ma pauvre Barbe, ne parle plus, que tu fais rigoler tout le monde!

Pendant ce temps, le notaire a compté la botte de billets crasseux.

LE NOTAIRE

Bon, le compte y est. Venez, Jofroi, signez ici.

Jofroi va près de lui, et examine l'acte.

JOFROI

Bon. C'est bien sûr que dans ce papier, je ne lui donne pas la maison?

LE NOTAIRE

Oui, c'est sûr. J'en prends la responsabilité.

Bon, alors, je signe.

LE NOTAIRE

Et vous, Madame Jofroi, vous savez signer?

BARBE *(timide)*

Un peu, Monsieur le Président. Un petit peu. Pas beaucoup naturellement.

LE NOTAIRE *(à Jofroi)*

Est-ce qu'elle sait signer?

JOFROI

Mais oui, elle sait. Pourquoi vous demandez ça?

LE NOTAIRE

Parce qu'il faut qu'elle signe. C'est la loi!

JOFROI *(stupéfait)*

Ah bien ça, ce serait une drôle de loi! Parce que je vends mon verger, il faut faire signer ma femme?

LE NOTAIRE

Oui, parce que vous êtes mariés en communauté.

JOFROI

Nous sommes mariés, ça fera quarante-cinq ans à Noël. Mais mon verger, il est à moi; c'est moi qui l'ai planté, c'est moi qui l'ai cultivé tout seul. C'est moi qui dois signer tout seul!

LE NOTAIRE

Si vous signez seul, la vente ne sera pas valable. Les droits de Monsieur Durbec *(il montre Fonse)* ne seront plus entiers... Il restera toujours l'hypothèque légitime de la femme, qui pourrait un jour faire casser la vente!

16

JOFROI *(sévère)*

Barbe, tu entends ce qu'ils disent? Que tu as l'intention de faire casser la vente!

BARBE

Tu sais bien que ce n'est pas vrai, Jofroi. Si tu ne veux pas, je ne signe pas. Mais si tu veux, je signe!

FONSE

Moi, quand même, je dis qu'il faut faire la chose bien en règle. Il faut qu'elle signe.

JOFROI *(furieux)*

Eh bien moi, je ne veux pas. Je ne veux pas qu'elle signe, et elle ne signera pas!

FONSE

Mais puisqu'il faut deux signatures!

Si tu veux deux signatures, je vais te signer
deux fois! Mais de quoi ça a l'air à la fin, de
faire signer ma femme? C'est moi qui fais
toujours tout pour elle, et j'ai toujours tout
fait pour elle. S'il faut qu'elle signe, je vais
signer pour elle...

LE NOTAIRE

Il est indispensable qu'elle signe elle-
même.

FONSE

Puisque c'est la loi!

JOFROI

Ce n'est pas la loi qui commande dans
mon ménage, c'est moi!

BARBE

C'est vrai, Jofroi, c'est toi qui commandes.

Mais quand je te demande quelque chose, c'est bien rare si tu dis non!

JOFROI

C'est pas vrai. Je dis toujours non. Et puis pourquoi tu veux signer? Tu veux faire croire, peut-être, que c'est toi la patronne?

BARBE *(humble, mais souriante)*

Non, non, tu le sais bien. Mais je serais bien contente si tu voulais...

JOFROI

Pourquoi?

BARBE

Parce que de signer à côté de toi, dans une chose si importante, ça me ferait de l'honneur, tu comprends?...

Ça c'est vrai...

BARBE *(modeste)*

Ça ne m'est arrivé qu'une fois dans ma vie.
Un jour, j'ai signé à côté de toi.

JOFROI *(stupéfait)*

Où?

BARBE *(doucement)*

A la mairie, Jofroi. Le jour de notre
mariage.

*Un court silence. Jofroi va lui prendre la
main, et la conduit près du notaire, qui s'est
levé.*

JOFROI

Assieds-toi. Signe, Barbe. Signe la première...

Il pose la main sur l'épaule de sa femme, qui sourit de fierté, et signe.

SUR UNE ROUTE DES COLLINES

qui monte à flanc de coteau. A droite de la route, une forêt de broussailles que dominent quelques pins. A gauche, en contrebas, des champs en étages. De l'herbe jaune et du thym entourent quelques oliviers.

Sur cette route, un mulet tire péniblement une charrette alourdie par la pente, qui est assez raide. Elle est chargée d'outils : deux fourches, une faux, des haches, des scies, une demi-lune au bout d'un long manche. Fonse, qui marche à côté du mulet, l'encourage par d'horribles menaces en provençal. Une voix l'appelle soudain.

LA VOIX

O Fonse!

FONSE

Vouei! *(Il regarde autour de lui.)*

LA VOIX

C'est Tonin!

FONSE

Où tu es?

LA VOIX

A l'ombre! En bas, sous l'olivier!

Fonse s'approche du bord de la route, et regarde en contrebas. Il voit Tonin, étalé dans l'herbe sur le dos, les mains croisées sous la nuque, à l'ombre d'un vieil olivier. Il a une fleur à la bouche.

FONSE

Qu'est-ce que tu fais?

TONIN

Eh bien, tu le vois. Je me ménage. Et toi, où vas-tu?

FONSE

Je monte au verger de la Maussan. Celui de Jofroi, je l'ai acheté.

TONIN

Je sais; le boulanger me l'a dit. C'est de la bonne terre, mais tu vas avoir du travail.

FONSE

Pardi! Il y a bien cinq ans que Jofroi n'a pas touché une pioche!

TONIN

Cinq ans? Tu peux dire dix ans! Depuis qu'il a eu ses douleurs, peuchère!... C'est pour arracher ces vieux arbres que tu vas suer. Ce bois de fruitier, il n'y a rien de plus dur!

Oh mais, Justin le bousquetier m'a prêté un palan, et j'ai acheté une belle picosse!... Une picosse toute neuve. Regarde...

Il est allé prendre sur la charrette une grande hache à lame étroite, qui brille au soleil.

LA CUISINE DE JOFROI

C'est une cuisine de paysan provençal, assez grande, qui sert de salle à manger. Barbe pèle des pommes de terre. Jofroi astique son vieux fusil.

BARBE

Tu vas à la chasse, Jofroi?

JOFROI

Peut-être.

BARBE

Ce matin, j'ai entendu les perdrix. Elles étaient dans la vigne de Magnan...

Jofroi tend l'oreille.

JOFROI

Une charrette. Qui ça peut être?

Barbe est allée à la fenêtre.

BARBE

C'est Fonse. Je crois qu'il vient travailler au verger.

JOFROI *(inquiet)*

Déjà?

BARBE

Il est à lui depuis hier.

Il aurait pu attendre jusqu'à demain.
Même les morts, on ne les enterre pas si
vite.

BARBE

Il attache son mulet à l'abricotier muscat.

JOFROI

Il faut que j'aille un peu voir ça de plus
près. Que je lui explique. Donne-moi mes
souliers et mon chapeau.

DANS LE VERGER

*Fonse, de fort bonne humeur, attache au
tronc d'un vieil abricotier une chaîne, à
laquelle il accroche la poulie d'un palan; puis,
il va fixer la seconde poulie du palan au pied
du tronc d'un olivier, et commence à tirer sur
la chaîne. Jofroi descend vers Fonse, son fusil
sous le bras, les canons tournés vers le sol.*

Fonse tire joyeusement. L'abricotier craque.
Jofroi s'avance, d'un pas incertain.

JOFROI

Qu'est-ce que tu fais?

FONSE

Tu le vois. Je commence à arracher les
arbres.

Il tire. Le vieil abricotier se couche lamenta-
blement, les racines en l'air.

JOFROI

Tu vas leur faire ça à tous?

FONSE

Eh oui, naturellement. A la place, je vais
semer du blé. Un blé qui vient du Canada...

JOFROI *(il répète machinalement)*

Du Canada...

*Il caresse une branche de l'abricotier abattu.
Pendant ce temps, Fonse va attacher la poulie
du palan au tronc d'un vieux prunier. Tout en
serrant des demi-clés, il parle :*

FONSE

C'est la grive que tu vas chasser?

JOFROI *(pâle et soudain menaçant)*

Non, je ne vais pas chasser la grive : je vais
chasser le salaud!

Il fait mine d'épauler son fusil, et crie :

Lâche cette corde, assassin!

FONSE *(stupéfait)*

Mais qu'est-ce qu'il te prend?

Il me prend que si tu arraches cet arbre, moi je te pique douze chevrotines dans la peau!

Il épaule son fusil. Fonse bondit de côté, et se cache derrière le tronc du prunier.

FONSE *(épouvanté)*

Mais tu deviens fou!

JOFROI

Peut-être je suis fou, mais toi tu es un criminel! Assassin d'arbres, tu oses te cacher derrière un arbre?

FONSE

Ecoute, Jofroi... Ecoute-moi une minute...

JOFROI

Bon. Parle. Je t'écoute, mais sors de là derrière.

FONSE

Ne me regarde plus avec le bout de ton fusil, et je sortirai.

JOFROI

(abaisse les canons vers le sol)

Bon. Allez, parle.

FONSE

(il fait un petit pas de côté)

Sois un peu raisonnable. Si je sème pas mon blé maintenant, avant la nouvelle lune, c'est foutu jusqu'à l'an prochain.

JOFROI

Ça, c'est vrai. Tu vois que quand tu as raison, je te donne raison.

FONSE

Alors, tu comprends bien qu'il faut que

j'arrache ces arbres avant dimanche prochain!

JOFROI

O Sainte Bonne Mère, écoutez ce grand malfaisant!

FONSE

Alors, tu veux m'empêcher de semer mon blé?

JOFROI

Sème-le ton blé! Sème-le où tu voudras, mais pas ici! Regarde-moi bien, Fonse. Ce fusil, c'est un vieux fusil, mais il a tué des sangliers aussi gros que toi. Alors, si tu essayes d'arracher encore un arbre, je te fais un trou dans l'estomac qu'on verra le jour à travers! *(Il est tout à coup saisi d'une rage furieuse, et il crie.)* Fous le camp, salaud! Fous le camp! *(Fonse se cache à nouveau derrière l'arbre.)* Attention! Je compte jusqu'à trois! Un!

31

FONSE *(bégayant)*

Jofroi... Fais pas ça!

JOFROI

Deux!

Fonse prend la fuite à travers le verger.

JOFROI

Je vois que tu as compris!

Lorsque Fonse est assez loin, il met ses mains en porte-voix.

Et ne reviens jamais ici, assassin!

FONSE

(il s'arrête, et crie sur un ton plaintif)

Au moins, renvoie-moi le mulet!

Ça, c'est juste... Je ne veux pas me mettre dans mon tort!

Il va détacher le mulet, et le fouette à tour de bras, tandis que Fonse l'appelle de loin.

FONSE

Bijou! Bijou! Ne reste pas avec ce vieux couillon! Bijou...

Le mulet démarre au galop.

VERS LA FIN DE L'APRÈS-MIDI

Sur l'esplanade que borde un parapet qui domine un coteau de champs en terrasses, plantés de vignes et d'oliviers. Le vaste paysage est barré au loin par une chaîne de petites montagnes pelées, vers lesquelles plonge le soleil couchant.

Tout le long du parapet, de vieux platanes. De l'autre côté de l'esplanade, le mur de l'église, le presbytère, et deux ou trois façades de petites maisons.

Entre deux platanes, Tonin et l'instituteur sont assis sur le parapet. L'instituteur doit avoir trente ans. Il a une petite moustache noire, un col, une cravate, et un feutre noir. Tonin, en bras de chemise et les manches retroussées, a comme d'habitude une fleur à la bouche.

En face d'eux, entre Jofroi et Fonse, il y a Monsieur le Curé. Il est grand et gros, avec une belle voix de baryton. Il parle avec une certaine solennité, comme Saint Louis rendant la justice.

LE CURÉ

Il y a tout de même une solution honorable, Jofroi va rendre l'argent, et Fonse rendra le verger.

L'INSTITUTEUR

En somme, c'est la seule façon d'en sortir.

LE CURÉ

Tu veux bien, Fonse?

34

FONSE

Moi, ça ne me plaît pas, parce que ce verger il y a longtemps que je le voulais, et j'ai économisé sou par sou pour l'acheter, et j'avais tout mon plan pour l'arranger...

JOFROI *(indigné)*

Alors ça, c'est le plus pire! Vous avez entendu ce qu'il a dit?

L'INSTITUTEUR

Oui, bien sûr.

TONIN

Qu'est-ce qu'il a dit d'extraordinaire?

JOFROI

Il a dit que depuis longtemps, quand il passait près du verger, et qu'il me disait un petit bonjour pendant que je taillais mes arbres, il se pensait : « Taille toujours, pauvre couillon! Lorsque tu n'auras plus de sous pour manger, moi, je l'achèterai, ce verger, et ces arbres, je les ARRACHERAI ». Voilà ce qu'il avait dans la tête, tout en me regardant, cet hypocrite!

FONSE

Qu'est-ce qu'il va inventer, ce pauvre fada! Tiens, je te le laisse ton verger; mais alors rends-moi les douze mille francs, et les 1 200 francs de frais et d'impôt.

TONIN

Eh oui! Ces frais, tu les lui dois, Jofroi.

LE CURÉ

Alors, Jofroi, vous êtes d'accord?

JOFROI

Moi, je suis d'accord pour qu'on me rende mon verger. Mais les douze mille francs, où je vais les prendre?

36

FONSE

Dans ta poche, puisque je te les ai donnés!

JOFROI

Mais je les ai plus! Hier, quand tu es parti, nous avons encore signé chez le notaire pour une rente viagère!

FONSE

Alors, tu veux garder l'argent et le verger?

JOFROI

Ça ne serait pas juste. Le verger est à toi, mais je ne veux pas que tu arraches mes arbres. Si tu en arraches encore un, je te fous un coup de fusil.

LE CURÉ

Voyons, Jofroi, mon ami...

C'est comme ça, Monsieur le Curé, moi, ce que je dis, je le ferai.

L'INSTITUTEUR *(nettement)*

Jofroi!... Vous avez tort de vous obstiner et de refuser de comprendre : vous savez très bien que Fonse est dans son droit et qu'il a raison.

FONSE

Tu entends ce que dit Monsieur l'Instituteur?

JOFROI

Je m'en fous, moi, de l'instituteur : il est peut-être fort pour lire dans les livres, mais c'est une affaire qu'il ne peut rien y comprendre... Ça c'est des choses qu'on n'apprend pas dans les écoles, voilà mon idée.

Mon cher Jofroi, permettez-moi de vous dire, que si j'ai donné mon avis c'est parce qu'on me l'a demandé, et d'ailleurs ce n'est pas à vous que je le donne, c'est à Fonse *(il se tourne vers Fonse)*. – Je dis que votre bon droit est entier, absolu... Je dis que si Jofroi ne veut pas entendre la voix de la raison, vous n'avez qu'à vous faire accompagner par les gendarmes.

JOFROI *(il ricane)*

Les gendarmes! Ah là là! Les gendarmes! Tenez, ne me parlez pas des gendarmes, ne m'y faites pas penser! Parce que si j'y vais, moi, aux gendarmes...

FONSE

Quoi, si tu y vas?

JOFROI *(avec force)*

Si j'y vais, et que je leur fasse comprendre la chose comme elle est, bien comme il faut, et que je leur explique que tu veux arracher mes arbres, eh bien, je te fais mettre en prison. Voilà tout. Si je ne le fais pas, c'est pour ta famille.

FONSE *(il éclate de rire)*

Moi, tu me fais mettre en prison?

JOFROI

Oui, monsieur!

FONSE

Et pourquoi?

JOFROI

Parce qu'on n'a pas le droit d'arracher les arbres des autres.

FONSE

Mais ils ne sont plus les tiens, ces arbres! Maintenant ils sont à moi!

JOFROI *(il éclate de rire)*

Ils sont à lui! Voyons, Monsieur le Curé, écoutez donc ça! Des arbres que j'ai plantés, ils sont à lui! Mais tu deviens fou, mon pauvre Fonse, mais qu'est-ce qui te donne des idées comme ça?

L'INSTITUTEUR

Il n'y comprendra jamais rien!

FONSE *(gentiment)*

Ecoute, Jofroi, qu'est-ce que nous sommes allés faire, avant-hier à Manosque, chez le notaire?

JOFROI *(amer)*

Oh ça, je savais bien que tu ne l'avais pas oublié! Mais alors parce qu'on a signé quatre mauvais papiers, chez un notaire, qu'il a une tête de rat, Monsieur Fonse va venir avec des haches, des picosses, des palans, faire tout un carnage dans mon verger de la Maussan?

TONIN *(catégorique)*

Il a acheté, il a payé, c'est à lui, il a le droit de faire ce qu'il veut.

JOFROI

(avec une grande tendresse)

Mais mes arbres! Mes arbres! Je les ai achetés à la foire de Roquevaire, moi, en 99, l'année que Barbe m'a dit « Jofroi, nous aurons peut-être un petit » et que le gros incendie de Pichauris lui a faussé ses couches. Ces arbres je les ai portés de Manosque jusqu'ici, sur mon dos. J'ai tout fait tout seul. J'ai creusé les trous, j'ai charrié le fumier. Je me suis levé la nuit, pour allumer la paille mouillée, pour pas que ça gèle. J'y ai fait plus de dix fois le remède à la nicotine, et ça coûtait cinq francs le bidon! Et quand je les taillais, Monsieur le Curé, avant de couper une branche, je calculais des fois pendant plus d'une heure et je me disais : « C'est malheureux de couper des branches à un arbre, pour qu'il rapporte six francs de plus ». Et, à la fin, quand j'en coupais une, c'était comme si je me coupais un bras... *(il se tourne brusquement vers Fonse)* et tu crois qu'avec ton argent, toi, tu m'as acheté tout ça? Est-ce que tu crois que l'argent paie tout? Dites, Monsieur le Curé, est-ce qu'on peut tout payer avec de l'argent?

LE CURÉ

Non, Jofroi, l'argent ne paie pas tout. Ça, c'est vrai.

JOFROI *(triomphal)*

Ah!

LE CURÉ

Mais l'argent peut payer des arbres, Jofroi... Surtout des arbres comme les tiens... Ils ont quarante ans; tu as eu le temps de les aimer... Ils finissent leur vie, maintenant... C'est la loi du Bon Dieu, on ne vit pas toujours... Tout ce qui naît sur cette terre doit mourir un jour, tu le sais...

Oui, je le sais. Seulement, Monsieur le Curé, nous, quand nous mourrons, ce n'est pas fini!... Mais les arbres! Il n'y a pas de paradis des arbres! Eux, quand ils meurent, ce n'est plus que du bois. Alors, les miens, ne les pressez pas comme ça, ne leur courez pas derrière avec une hache à la main! Laissez-les mourir de mort naturelle!

TONIN

Tu sais bien que la mort naturelle d'un pêcher, c'est d'être arraché au bout de dix ans!

FONSE *(qui perd patience)*

Les tiens, ils ont déjà eu trente ans de plus! C'est des Mathusalems, tes arbres!

JOFROI

Eh bien, c'est justement parce qu'ils sont vieux qu'il ne faut pas leur faire du mal!

Mais je ne veux pas leur faire du mal! Personne ne veut leur faire du mal!

JOFROI

Personne ne veut leur faire du mal, mais tout le monde veut les arracher... Et pourquoi? Je vais vous le dire, moi, Monsieur le Curé, je le sais bien, sous quel prétexte! C'est parce qu'ils ne font plus de fruits!

FONSE

Mais naturellement! Ce n'est pas pour te faire de la peine que je veux les arracher... C'est parce qu'ils ne font plus de fruits!

JOFROI

Eh bien, si tu les aimes tant que ça les fruits, tu ne peux pas en acheter chez l'épicier?

TONIN

Ça n'a pas de raison ce que tu dis, Jofroi. On ne peut pas garder des arbres qui n'ont pas fait de fruits depuis dix ans!

JOFROI

Et après? Qu'est-ce que ça veut dire ça? Alors, moi, parce que je suis trop vieux pour avoir des enfants, tu voudrais qu'on me mène à la guillotine? Et Monsieur le Curé, parce qu'il n'a pas d'enfants, tu vas le refendre avec ta picosse? Allons, allons, tout ça n'a pas de bon sens!

L'INSTITUTEUR

C'est vous qui n'avez pas de bon sens!

JOFROI

Et pourquoi?

L'INSTITUTEUR

Les arbres ne sont tout de même pas des personnes!

JOFROI *(il ricane)*

Ah! Un arbre ce n'est pas une personne? Et depuis quand? Et c'est ça qu'on vous apprend dans vos écoles? Allez, allez, mon pauvre instituteur, on voit bien que vous venez de la ville, avec le col et les manchettes! On voit bien que jamais les arbres ne vous ont parlé : c'est vrai que, peut-être, vous n'êtes pas assez intéressant pour ça... Ecoutez, Monsieur le Curé, moi, je dis que ces arbres ne font plus de fruits, c'est vrai. Je dis qu'ils sont très vieux, c'est vrai, il y a même un abricotier qui commence à devenir gaga, et qui pousse des branches en tire-bouchon. Mais quand même ce sont des arbres qui ont encore de la santé. Et il y en a que si on les laisse tranquilles, ils peuvent vivre encore quinze ans!

FONSE *(désolé)*

Eh bien, il y a de l'espoir!

JOFROI

Qu'est-ce que tu veux dire?

FONSE *(vivement)*

Et moi, qu'est-ce que je vais manger pendant ce temps-là? Je n'ai plus d'argent, moi, je t'ai payé 12 000 Francs, 1 200 Francs au notaire, et j'ai acheté huit cents francs de semence. Il a fallu que j'emprunte 600 Francs au Crédit Agricole. Alors, si ce terrain ne me rapporte rien, c'est peut-être toi qui vas payer mes dettes, et c'est toi qui vas me nourrir?

JOFROI

Oh ça, non, n'y compte pas! Ça ne sera pas moi.

FONSE

Et alors? Qu'est-ce que tu veux que je fasse, moi?

JOFROI

Toi! Toi! Tu parles toujours de toi! Mais je m'en fous de toi! Tout ce que je peux te dire, c'est que tu ne tueras pas mes arbres parce que je te tuerai avant!

Il s'éloigne en se retournant plusieurs fois, en faisant le geste de viser Fonse avec un fusil.

L'INSTITUTEUR

Il est fou, il n'y a qu'à l'enfermer.

TONIN

Oh! Il n'est pas fou de nature... Mais il a une grosse peine de ses arbres... D'un côté, ça se comprend un peu.

FONSE

Peut-être que toi tu le comprends un peu, mais moi je le comprends pas beaucoup...

Le Curé va rapidement vers Jofroi.

LE CURÉ

Jofroi! Jofroi! Venez ici! Ecoutez! J'ai trouvé une solution qui est honorable pour tous les deux. *(Les autres s'approchent.)*

Ecoutez-moi. Fonse a besoin de tirer un peu d'argent de ce verger. C'est naturel. Vous, Jofroi, vous allez toucher une rente avec les douze mille francs de Fonse?

JOFROI

Oui, j'ai neuf cent septante francs par an.

LE CURÉ

Eh bien, vous allez donner cette rente à Fonse. Avec cet argent, il pourra louer une autre terre, et il la cultivera. Et vous, tant que vous vivrez, on ne touchera pas aux arbres du verger. Qu'est-ce que tu en penses, Fonse?

FONSE

Moi, tout ce que je demande, c'est que l'affaire finisse sans gendarmes et sans qu'on me tire des coups de fusil!

LE CURÉ

Et vous, Jofroi?

JOFROI

Moi, je ne comprends pas.

LE CURÉ

Vous donnez votre rente à Fonse, et il vous laisse la jouissance du verger. En somme, il reste le propriétaire, mais vous, vous devenez son locataire. C'est-à-dire que tant que vous vivrez, le verger sera vôtre.

TONIN

Ça c'est bien.

JOFROI

Oui, ça c'est bien tant que je vivrai. Bon. Mais après?

L'INSTITUTEUR

Comment après?

JOFROI

Quand je serai mort?

FONSE *(inquiet)*

Comment quand tu seras mort?

JOFROI *(menaçant)*

Est-ce que tu les arracheras mes arbres?

FONSE

Ça recommence!

JOFROI *(exalté)*

Dis-le, marrias! tu les arracheras mes arbres?

FONSE

(il hurle, en proie à une crise de nerfs)

Mais oui, je les arracherai! Mais oui, nom de Dieu! Je les arracherai ces fantômes d'arbres, ces revenants d'arbres! Mais bougre de vieux fou, de triple couillon, tu ne vois pas que ce n'est plus des arbres? Ça ne semble pas possible, Sainte Bonne Mère!

Fonse, agité, lève les yeux au ciel, mord son index replié en poussant quelques grognements, et donne un coup de pied au tronc d'un platane. Tonin, affectueux, le prend aux épaules.

TONIN

Fonse, calme-toi, mon vieux... Calme-toi...

L'INSTITUTEUR

Voyons, Fonse, soyez raisonnable. Vous savez bien que vous pourrez les arracher quand vous voudrez!

JOFROI

Bon, j'ai compris. On les tuera un jour, parce que vous êtes des sauvages. On les tuera, mes pauvres arbres. Eh bien ça, c'est une idée que je ne peux pas m'y faire...

FONSE

Mais tu peux bien te faire à l'idée de tuer un homme.

JOFROI

Oui, je tuerai un homme. Mais cet homme, ce sera moi.

TONIN

Qu'est-ce que tu dis?

JOFROI

Je dis que pour vous punir, je vais me suicider. Oui, ça vous apprendra.

L'INSTITUTEUR

Ça nous apprendra quoi?

JOFROI

Ça vous apprendra que Fonse est un assassin. Fonse, tu auras ma mort sur la conscience. Toute ta vie tu pourras dire : « C'est moi qui ai tué Jofroi de la Maussan. » Et je vais me tuer tout de suite!

Il s'éloigne d'un pas pressé.

FONSE

Qu'est-ce qu'il est allé encore inventer!

L'INSTITUTEUR

Laissez-le donc faire!

LE CURÉ *(inquiet)*

Jofroi, les suicidés vont en enfer, tu le sais!

JOFROI *(de loin)*

Eh bien, si je vais en enfer, je m'en fous. Et puis le Bon Dieu me pardonnera. Il voit tout le Bon Dieu. En ce moment il vous regarde, et il se dit : « Voilà une belle bande de

saligauds! » Adieu à tous! Je vais me suicider!

*Il part au trot. Fonse secoue la tête, et
souffle fortement.*

TONIN

Il est complètement jobastre!

FONSE *(inquiet)*

Vous le croyez qu'il va se suicider?

L'INSTITUTEUR

Jamais de la vie! C'est du chantage pur et
simple!

TONIN *(perplexe)*

Avec ces vieux gagas, on ne sait jamais. Il
serait bien capable de se mettre les canons de
son fusil dans la bouche comme un biberon
et bang! Adieu Jofroi!

Tu le crois, toi?

TONIN

Je ne dis pas que je le crois. Mais je dis que c'est pas impossible...

FONSE

Alors qu'est-ce qu'on dirait de moi?

TONIN

Oh ça, on dirait que c'est toi qui l'as tué... Ça serait pas vrai, remarque; mais on le dirait, ça c'est sûr!

LE CURÉ

Non, non ne t'inquiète pas, Fonse. Malgré les paroles blasphématoires que Jofroi vient de prononcer j'ai confiance dans ses sentiments chrétiens. Mais je vais te donner un conseil : ne remonte pas tout de suite au verger... Laisse passer une semaine. Il réfléchira, il comprendra peut-être. Et puis, je vais parler à Barbe, sa sainte femme, elle le raisonnera...

A l'autre bout de l'esplanade, on voit un petit groupe d'hommes et de femmes qui regardent en l'air. D'autres arrivent en courant.

TONIN

Qu'est-ce qui se passe là-bas?

On entend une voix qui semble descendre du ciel, et qui crie : « Ecartez-vous! Je vais sauter! »

FONSE

C'est Jofroi!

Ils partent en courant vers le groupe, M. le Curé en tête. Jofroi est sur le toit de la maison de M. Durand, qui a trois étages. Barbe, dans la petite foule, est désespérée.

BARBE *(suppliante)*

Jofroi, ne saute pas!

JOFROI

Enlève-toi de là que je saute!

BARBE

Ne reste pas là au bord que si le vertige te prenait, ah, brave Dieu! Bonne Vierge et Saint Monsieur le Curé! Enlevez-le de là, voyons! Alors vous n'êtes pas des hommes!

UN PAYSAN

Mais on ne peut pas! Il a mis la barre à la porte du grenier!

BARBE

Ne saute pas, Jofroi!

JOFROI

Levez-la d'en bas que je saute!

DES VOIX

Non! non, Jofroi, ne saute pas!

FONSE

Jofroi! Ne fais pas ça!

LE BOULANGER

Pourquoi veux-tu sauter de là-haut?

JOFROI

Parce que Fonse veut tuer mes arbres!

FONSE

C'est par méchanceté ce que tu fais! On ne se tue pas pour des vieux arbres morts!

LE CURÉ

Jofroi, pense à ton salut éternel!

JOFROI

J'y pense!

LE CURÉ

Alors, ne saute pas!

JOFROI

Moi je voudrais bien ne pas sauter! Mais il
y a quelqu'un qui me pousse pour me faire
tomber du toit. Et celui qui me pousse, c'est
Fonse!

LA FOULE

Oh!

FONSE *(indigné)*

Mais je pousse pas, moi! Je pousse personne, je suis ici!

*Quatre hommes, qui tiennent par les coins
une large paillasse, arrivent en courant.*

BARBE

Venez vite!

Les quatre hommes vont se placer sous Jofroi. Quand il change de place, ils le suivent. Jofroi est furieux.

JOFROI

Allez-vous-en avec votre paillasse! Levez-vous de là que je saute! Faites-moi de la place!

Il va vers l'autre bord du toit.

DES VOIX

Attention, il va sauter!

Barbe a suivi, avec la paillasse.

JOFROI

Barbe, lève-toi de là!

LE CURÉ

Jofroi, pense au Bon Dieu qui te regarde! Pense aux marmites de l'enfer! Pense au diable qui va te piquer les fesses!

JOFROI

Le diable n'arrache pas d'arbres! Poussez-vous que je saute!

L'INSTITUTEUR

Allons, Jofroi! Je fais appel à votre bon sens, à votre raison!

JOFROI

Qué bon sens? Qué raison? La raison me commande de sauter, pour donner une bonne leçon à ce bûcheron de verger! Lève-toi de là, pregadiou de rastouble!

L'INSTITUTEUR

Ah, vous avez bon air, là-haut, à votre âge! Vous êtes ridicule de faire le guignol comme un enfant!

M. DURAND

(c'est un monsieur bien vêtu)

Mais laissez-le sauter, Bon Dieu! Vous ne voyez pas qu'il me casse toutes mes tuiles? Allons, saute, imbécile, dépêche-toi!

FONSE

Jofroi, descends! Nous parlerons... Nous nous arrangerons!

JOFROI

Levez-vous de là, nom de Dieu, ou bien je vous saute dessus!

L'INSTITUTEUR *(avec autorité)*

Eh bien c'est ça *(il parle à la foule)*. Ecartez-vous. Puisqu'il veut sauter à tout prix, au moins que ce soit un numéro de cirque. Tonin, allez chercher un drap pour le plier dedans, et vous, allez chercher la civière pour rapporter le cadavre chez lui!

BARBE *(désespérée)*

Jofroi, ne saute pas!

L'INSTITUTEUR

(il repousse le premier rang)

Bonnes gens, écartez-vous! Si Monsieur Jofroi en a assez de la vie, c'est son affaire; et d'autre part, s'il tombe sur vous de cette hauteur, vous en serez estropiés pour la vie. Reculez tout de suite.

La petite foule recule. L'instituteur lève la tête et crie :

Allons, Monsieur Jofroi, c'est le moment! Je compte jusqu'à trois. Un!

BARBE *(stridente)*

Non! Non! Ne saute pas!

L'INSTITUTEUR

Deux!

Ah? Vous voulez que je saute? Eh bien té, je ne saute pas!

La foule rit et siffle.

JOFROI

Et je ne saute pas parce que ça me fera peine de tomber sur un ami. Je préfère me jeter dans un puits, parce qu'au fond d'un puits il n'y a personne.

Il disparaît.

LE LENDEMAIN, SUR L'ESPLANADE, A DIX HEURES DU MATIN

Il y a une partie de boules. Fonse et Arsène jouent contre Tonin et l'instituteur. M. le Curé, accroupi, mesure un point avec une ficelle. Il se relève, et dit :

LE CURÉ

Il est à Tonin, et je crois qu'il faut tirer.

Fonse va au rond, vise, tire, et manque très largement. Il lance violemment sa seconde boule par terre, lève les bras pour invoquer le ciel, et va s'asseoir sur le parapet, désespéré.

FONSE

Non, non, non!

Les autres s'approchent.

L'INSTITUTEUR

Voyons, Fonse, ça arrive à tout le monde de manquer une boule!

FONSE

Pas comme celle-là, et pas à moi. Et c'est la troisième que je manque en cinq minutes!

TONIN

Alors quoi? Qu'est-ce qu'il t'arrive?

FONSE

La vérité, c'est que j'ai mal dormi cette nuit. C'est cette histoire du verger qui me travaille...

LE CURÉ

Ça va certainement s'arranger! Jofroi finira par comprendre...

L'INSTITUTEUR

Sa démonstration d'hier n'était qu'une comédie.

TONIN

Il a voulu faire du scandale, mais il n'a pas sauté du toit!

FONSE

Il n'a pas sauté; mais s'il était tombé et qu'il se tue...

Alors Arsène prend la parole. Il a quarante ans, plus de six pieds de haut, et il est très gros. Sa moustache rousse est épaisse, ses sourcils touffus, ses mains énormes. Il ne parle qu'à mi-voix, et son visage immobile n'exprime jamais rien.

ARSÈNE

S'il était tombé, ça arrangerait tout... A un moment, j'ai eu l'espoir...

LE CURÉ

Arsène, vous êtes un sauvage!

FONSE

Et tu t'imagines ce qu'on aurait raconté sur notre famille? N'oublie pas que tu es mon cousin!

L'INSTITUTEUR

Allons, Fonse, n'y pensez plus. Je suis persuadé que la comédie est finie. *(Il regarde*

le jeu de boules.) Ça fait deux pour nous. Par
conséquent, 7 à 2.

Il trace le rond.

SUR LA PETITE ROUTE

*qui descend des collines, une paysanne de
cinquante ans, Marie-Rose, est installée sur un
charreton que traîne un âne. Elle ouvre soudain
de grands yeux : on entend la voix de Barbe,
qui crie :*

BARBE

Allez vite chercher des hommes, et une
échelle!

*Un petit garçon part au galop. Marie-Rose
arrête son âne, descend du charreton, et
s'avance vers un groupe de femmes penchées
sur la margelle d'un petit puits dont la poulie
est accrochée à une vieille poutre qui repose
sur deux colonnes.*
*Il y a là Barbe, Delphine, la grosse
Mathilde, une petite maigriotte à cheveux*

blancs qui a une voix perçante, une grande blondasse un peu hébétée, qui s'appelle Augusta.

BARBE *(penchée sur la margelle)*

Jofroi, tu as mal?

JOFROI

J'ai mal à mes arbres.

LA PARTIE DE BOULES

Fonse tire, frappe et s'écrie :

FONSE

Trois pour nous!

L'INSTITUTEUR

7 à 5!

A ce moment, le petit paysan arrive au galop.

LE GARÇON

Vite! Venez vite! avec une échelle!

Fonse, hagard, lâche la boule qu'il venait de ramasser.

FONSE

Jofroi?

LE GARÇON

Il est au fond du puits de l'aire!

TONIN *(indigné)*

Dans mon puits?

LE GARÇON

Oui, dans votre puits.

FONSE

Il s'est noyé?

LE GARÇON

Je ne sais pas. Il y a plein de femmes, qui crient au secours...

TONIN

Mais non, il ne s'est pas noyé! Il n'y a pas un mètre d'eau. Mais il est en train de me la saloper...

L'INSTITUTEUR

(il part en courant vers l'aire)

Et si on le laissait un peu barboter?

LE CURÉ

Non, non... : ce n'est pas du puits qu'il faut le sauver; mais d'un péché mortel aggravé par une mort sans confession! Allons-y vite!

Il part au trot; Fonse le suit.

AUTOUR DU PUITS

Barbe, Delphine et Augusta tiennent la corde du puits.

BARBE *(à Jofroi)*

Attache-toi la corde sous les bras!

JOFROI

Non!

BARBE

Pense à tes douleurs!

JOFROI

Non! Je pense à mes arbres!

La troupe des sauveteurs arrive. Tonin porte une échelle sur l'épaule.

LE CURÉ *(de loin)*

Est-ce qu'il est blessé?

BARBE

Il a une grosse bosse, mais il n'a rien de cassé, et il ne veut pas sortir!

Fonse repousse les femmes et se penche sur la margelle.

FONSE

Alors, tu continues à faire l'imbécile?

BARBE

Entendez ce malfaisant, comme il parle à un blessé!

TONIN

(il fait descendre l'échelle dans le puits)

Allez, zou, monte!

JOFROI *(il repousse vivement l'échelle,
qui jaillit du puits. Il crie)*

Allez-vous-en, bande d'assassins!

LE CURÉ

Nous venons te sauver, Jofroi! Te sauver
de la mort, et d'un péché mortel! Monte à
l'échelle, si tu peux!

JOFROI

Je peux, mais je ne veux pas! Je resterai au
fond de ce puits tant que Fonse ne sera pas
mis en prison!

TONIN *(furieux)*

Eh bien moi, je vais t'en sortir de mon
puits, et tout de suite! A quoi ça ressemble ce
couillon qui trempe son vieux cul dans mon
eau pour boire?

*Il a quitté son gilet, et saisit la corde du
puits.*

Fonse, tiens-moi l'autre brin!

Fonse et Arsène saisissent le brin de remon-tée. Tonin s'accroche au brin du seau. Ils le laissent descendre dans le puits.

JOFROI

Au secours! A l'assassin!

BARBE

Monsieur le Curé, ils vont me le tuer!

LE CURÉ *(grave)*

Ce qui importe, c'est qu'il ne se tue pas lui-même.

FONSE *(il crie à Tonin)*

Tu veux l'échelle?

TONIN *(du fond du puits)*

Pas besoin. Je vais l'attacher sous les bras, et vous le remonterez.

On entend la voix de Jofroi.

JOFROI

Assassin! Ne me touche pas!

ARSÈNE *(encourageant)*

A coups de pied au cul.

TONIN *(technique)*

Il n'y a pas assez de recul!

ARSÈNE

Alors donne-z-y un bon coup de poing sur la tête!

BARBE

Tu veux qu'on le tue?

Augusta, la grosse blonde, s'approche d'Arsène, furieuse, et vient crier sous son nez.

AUGUSTA

Tu n'as pas honte de dire des choses pareilles? Tu es un assassin, toi aussi?

Sans mot dire, Arsène la fait pivoter, et lui administre un formidable coup de pied au derrière. Elle s'enfuit en hurlant!

L'INSTITUTEUR

Vous n'êtes pas galant!

ARSÈNE

C'est ma fiancée.

On entend des cris qui montent du puits.

JOFROI

Au secours! Il veut me noyer!

ARSÈNE

Mets-y la tête sous l'eau!

TONIN

Ayayaïe! Il m'a mordu!

BARBE

Monsieur lc Curé, dites quelque chose!

TONIN *(triomphal)*

Ça y est! Tirez sur la corde!

Fonse et Arsène tirent sur le brin, et Jofroi paraît, gigotant, et écumant de rage. On le hisse jusqu'à la poulie, puis Arsène saisit ses jambes, le tire à lui, et le dépose sur le sol. Il est trempé jusqu'à la ceinture. Les femmes se précipitent, et dénouent ses liens.

Maintenant, cette eau glacée m'a fait revenir les douleurs. Alors, parce que c'est la faute de Fonse, il faut qu'il aille chercher son mulet, et qu'il me rapporte à la Maussan!

ARSÈNE *(à mi-voix)*

A coups de pied au cul!

FONSE

Jofroi, ne compte pas sur moi. Si je te ramène, ça voudra dire que je suis responsable, et que j'ai pas le droit d'arracher les arbres de mon verger.

JOFROI

Alors, tu comptes toujours les assassiner?

FONSE

Le plus tôt possible.

Sainte Vierge, entendez cette bête féroce!

MARIE-ROSE

Viens, Barbe... Je vous ramène. Mettons-le sur le charreton... Viens, Jofroi...

TONIN

Il a remué toute la vase, et en plus par méchanceté, il a peut-être pissé dedans.

Jofroi, qui marchait vers le charreton, se retourne.

JOFROI

C'est pas par méchanceté. C'est parce que j'ai eu peur!

DANS LA GRANDE CUISINE
DE FONSE

Autour de la lourde table paysanne, il y a M. le Curé, l'instituteur, Tonin, Fonse, sa femme Marie, qui est une fraîche paysanne de trente ans, et son beau-frère Arsène. Ils ont bu le café, et en sont aux petits verres de marc. Marie sert M. le Curé. Fonse est lugubre.

MARIE

Encore un peu de marc, Monsieur le Curé.

LE CURÉ

Bien volontiers, ma fille. Merci.

L'INSTITUTEUR

Après le point de vue religieux, il y a le point de vue pratique. C'est un fait que les gens du village tiennent Fonse pour partiellement responsable de la folie de Jofroi.

LE CURÉ

Ils ont tort.

FONSE *(à l'instituteur)*

Qui vous l'a dit?

L'INSTITUTEUR

Tout à l'heure, après la fausse noyade, j'ai entendu quelques bribes de conversation. Le cantonnier disait : « Quand même ce Fonse, on ne l'aurait pas cru si méchant ».

FONSE *(plaintif)*

Tu entends, Marie?

MARIE

Oui, j'entends. Laisse que je la rencontre, la femme du cantonnier, je vais lui dire quatre mots.

ARSÈNE

Moi, je m'occuperai du cantonnier, et la première parole que je lui dirai, ça sera un grand coup de pied dans les fesses.

LE CURÉ

Mais non, mais non. Il ne faut rien envenimer... Laissons donc passer quelques jours... Je suis persuadé qu'il se résignera à l'inévitable.

FONSE

Ça, ce n'est pas sûr, et même les coups de pied au cul, ça n'empêchera pas les gens de parler.

L'INSTITUTEUR

Fonse a raison; car il y a un point de vue pour ainsi dire métaphysique que la foule accepte obscurément.

FONSE *(perdu)*

C'est bien possible.

TONIN

Qu'est-ce que ça veut dire?

ARSÈNE

Ça veut dire qu'ils ont besoin de coups de pied au cul.

L'INSTITUTEUR

Peut-être, mais la question n'est pas là. Supposons que Jofroi se soit suicidé pour tout de bon. Il est mort. Est-ce Fonse qui l'a tué?

FONSE *(avec force)*

Non! Moi, je dis non!

L'INSTITUTEUR

Nous sommes tous d'accord, nous disons « non »!

FONSE

Bravo!

MARIE

Tu vois bien que tu as tort de te faire du mauvais sang!

L'INSTITUTEUR

Mais si l'on me dit : « Fonse a-t-il joué un rôle dans cette tragédie burlesque? Fonse est-il mêlé d'une façon quelconque à la triste aventure de Jofroi? » Je dis « oui ».

FONSE *(consterné)*

Il dit oui!

TONIN *(inquiet)*

Il dit oui?

LE CURÉ

Moi aussi, je dis « oui ». Et après?

L'INSTITUTEUR

Lorsqu'un joueur à la roulette gagne une

forte somme, il donne un beau pourboire au croupier qui a lancé la bille. Et pourtant, le croupier n'a pas particulièrement voulu faire sortir le numéro gagnant plutôt qu'un autre... Mais il a une sorte de responsabilité métaphysique.

FONSE *(inquiet)*

Tu te rends compte, Marie?

L'INSTITUTEUR

Si Jofroi meurt, Fonse aura été, en quelque sorte, l'instrument du Destin.

TONIN

Coquin de sort! C'est de ça qu'il faut se méfier!

LE CURÉ

Mais il n'a commis aucune faute!

L'INSTITUTEUR

Evidemment, il n'a commis aucune faute. Cependant, très obscurément, il se sent coupable. Depuis ce matin, il paraît tout penaud, je dirais presque malheureux...

FONSE *(inquiet)*

Moi, je suis malheureux?

TONIN

Ça oui, pour être malheureux, tu es malheureux.

FONSE *(perplexe)*

Peut-être bien...

L'INSTITUTEUR

Et c'est pour cela qu'il est suspect!

LE CURÉ

Comment cela?

L'INSTITUTEUR

On nous reproche nos malheurs beaucoup plus souvent que nos fautes.

LE CURÉ

Sophisme, cher ami! Sophisme! Sophisme presque criminel!

FONSE *(angoissé)*

Presque criminel! Tu entends, Marie?

TONIN

Tout de même, Monsieur le Curé...

MARIE

O Bonne Mère!

LE CURÉ

Calmez-vous, mes amis, et n'essayez pas de comprendre : vous ne le pouvez pas, et notre discussion passe forcément au-dessus de vos têtes. C'est d'ailleurs une discussion de dilettanti et de rhéteurs. Et puis, la question n'est pas là.

L'INSTITUTEUR

La question, c'est : a-t-il vraiment l'intention de se tuer? Je ne le crois pas!

FONSE

Eh bien moi, je le crois!

MARIE

Parce que tu es un gros pénible. Et vous, Monsieur le Curé, vous le croyez?

LE CURÉ

Ce n'est pas si simple. Si tout le monde s'intéresse à ses démonstrations, il finira par se croire obligé de se suicider, et sa pauvre petite âme ira bouillir pour l'éternité dans les marmites de Satan.

FONSE

Tu vois! Et on dira que c'est par ma faute!

LE CURÉ

Attends un peu! Mais s'il n'a pas de public, si personne ne le prend au sérieux, il finira par renoncer à sa comédie.

L'INSTITUTEUR

Je crois que vous avez raison. Il faut prévenir tous les paysans.

LE CURÉ

Et leur dire que c'est dans l'intérêt de Jofroi! C'est la seule façon de guérir sa folie.

ARSÈNE

Moi, j'en connais une autre encore meilleure. Vous voulez que je vous la dise?

MARIE

Ce n'est pas la peine : on a compris!

A LA FONTAINE,
SUR LA PLACETTE

Sous le jet de la fontaine, il y a un seau qui se remplit. Un paysan attend qu'il soit plein, pour le remplacer par un autre, qu'il tient à la main. Autour de lui, des commères, qui portent des cruches, des seaux, des arrosoirs. Il y a Marie, Delphine, la grosse blonde, Mathilde, Félicie.

MARIE

Tout ça c'est de la comédie : mais mon mari, peuchère, il commence à se faire du mauvais sang.

DELPHINE

Et ça se comprend!

GUSTAVE

J'aimerais pas être à sa place.

MARIE

Surtout qu'ils en ont parlé, hier soir, à la maison. Il y avait Monsieur le Curé et l'instituteur, et Tonin. Ils disaient tous que c'était pas la faute de Fonse, mais que quand même, c'est un sophisme.

LA GROSSE BLONDE

Qui?

MARIE

Fonse.

GUSTAVE

Ça veut rien dire. Qu'est-ce que c'est, un sophisme?

DELPHINE

On te le dit : c'est Fonse.

LA BLONDE

Et si M. le Curé le dit, c'est que c'est vrai.

MARIE

D'abord l'instituteur a dit que ce n'était pas vrai, et puis moi aussi, je dis que Monsieur le Curé s'est trompé. Mon mari, ce n'est pas un saint; il fume, il boit, et même je sais qu'il a fait des choses avec la Clotilde des Bellons; mais de dire que c'est un sophisme, moi je ne le croirai jamais!

Gustave hausse les épaules, et s'en va entre ses deux seaux.

SUR L'ESPLANADE

Sous les platanes, il y a encore une partie de boules, entre Baptistin qui joue avec Arsène, contre Tonin et l'instituteur. Fonse ne joue pas. Il est assis sur le parapet, et semble noyé dans ses pensées.

Gustave arrive, avec ses deux seaux pleins d'eau. Il les pose à terre, et dit gaiement :

GUSTAVE

O sophisme! Tu ne joues pas?

Fonse se lève, l'œil mauvais, et s'avance vers Gustave.

FONSE *(menaçant)*

C'est moi que tu appelles sophisme?

GUSTAVE

A ce qu'il paraît que c'est M. le Curé qui t'a appelé comme ça!

C'est bien possible, mais c'est pas des choses à raconter. Moi, j'ai bien vu ta sœur dans la remise de Saturnin. Elle était avec le grand Philibert. Et si je lui ai pas dit bonjour, c'est parce qu'elle était pas en position de me répondre. Eh bien ça, je ne l'ai jamais dit à personne, parce que ce sont des affaires privées. Seulement, si toi tu parles de mon sophisme, moi je ferai des conférences sur ta sœur.

GUSTAVE

Allez, Fonse, te fâche pas.

FONSE

Parce que moi, je suis peut-être un sophisme, mais toi ta sœur, c'est une pute.

GUSTAVE *(jovial)*

Est-ce que tu crois de me l'apprendre? Il y a bien longtemps que je lui ai dit : « Antonia, je suis bien heureux d'être ton frère, parce que comme ça, je serai le seul homme du village que tu ne feras pas cocu ». Allez Fonse, que ma sœur soit une garce, et que toi tu sois un sophisme, ce n'est la faute de personne : ça ne doit pas nous couper l'amitié. Tiens, prends une cigarette.

Il lui tend un paquet de Gauloises.

A LA FONTAINE –

Les commères sont toujours là. Jofroi et Barbe arrivent. Ils sont habillés du dimanche. Jofroi tient un papier à la main.

BARBE

Mathilde, il faut que vous veniez toutes avec nous, parce que nous avons besoin de témoins. Il faut nous accompagner chez Fonse.

MATHILDE

Il est là sur le boulevard, il parle avec Gustave.

BARBE

Eh bien, suivez-nous. En route, nous prendrons M. le Curé.

JOFROI

Et il faut aussi Elodie, Berthe, et les deux sœurs Durbec, et même la mère d'Escartefigue. C'est une affaire très sérieuse : allons-y!

Le groupe des vieilles se met en marche derrière lui.

SUR L'ESPLANADE

Il y a maintenant, avec Fonse et Gustave, Tonin et l'instituteur, qui fume sa pipe.

L'INSTITUTEUR

Mais ça ne veut rien dire. Un sophisme, c'est un raisonnement faux, voilà tout!

FONSE

Et alors, pourquoi Monsieur le Curé se permet de dire que je suis faux?

TONIN

Ah non, tu n'es pas faux. Tu n'es que trop franc, au contraire!

L'INSTITUTEUR

Mais ce n'est pas lui que Monsieur le Curé a appelé sophisme! Je venais de faire un raisonnement, et Monsieur le Curé a trouvé que ce raisonnement n'était pas juste. Alors il a dit « sophisme »! Mais il ne l'a pas dit à Fonse.

TONIN

Tu vois, il ne te l'a pas dit à toi. D'abord,

ça m'étonnait que le Curé dise des gros mots
à quelqu'un.

FONSE *(sombre)*

Il ne me l'a pas dit à moi, mais il l'a dit
dans ma maison, et j'ai parfaitement compris.

L'INSTITUTEUR

Vous n'avez rien compris du tout. Un
sophisme, c'est un syllogisme.

FONSE *(inquiet)*

Un syllogisme?

TONIN *(sombre)*

Té, il te manquait plus que ça!

FONSE

Ah, écoutez, ne dites plus de mots pareils!

Ça se répète dans les villages, et si ça continue dans ce genre, plus personne ne me
parlera. Et moi, j'ai besoin qu'on me parle,
parce que c'est la seule chose qui me fasse
vraiment plaisir.

L'INSTITUTEUR

Vous êtes parfaitement stupide.

FONSE

Oh, je le sais que je suis bête! Seulement
tous les autres sont aussi bêtes que moi...Et si
je comprends de travers, eux ils comprennent
comme moi.

*On voit s'avancer le cortège des vieilles,
précédé par M. le Curé et par Jofroi, qui porte
ostensiblement une feuille de papier.*

TONIN

Vé vé... Qu'est-ce que c'est que ça?

ARSÈNE

A coups de pied au cul.

FONSE *(inquiet)*

Et qu'est-ce que c'est ce papier?

Le cortège s'arrête à deux pas, et se range en demi-cercle. Jofroi et le Curé s'avancent.

M. LE CURÉ *(assez solennel)*

Fonse, j'ai consenti à accompagner Jofroi dans cette ambassade, parce qu'il vient te proposer la paix. Je ne sais pas ce qu'il va te dire, mais je sais qu'il est animé de bonnes intentions.

FONSE

Et à quoi ça sert, ce troupeau de mémés?

JOFROI *(sévère)*

Ce sont des témoins.

L'INSTITUTEUR

Des témoins de quoi?

FONSE

Des témoins de ma patience.

JOFROI

Tu ne sais même pas ce que je vais dire, et
tu prends tout de suite l'air méchant.

MATHILDE *(à mi-voix)*

C'est un sophisme!

Fonse lui lance un regard menaçant.

JOFROI

Fais bien attention : ce que je vais te dire,
c'est moi qui l'ai écrit cette nuit, sur du
papier marqué.

FONSE

Oh! Alors, je refuse de l'écouter. Le papier marqué, je m'en méfie!

Il va partir, l'instituteur le retient.

L'INSTITUTEUR

Pourquoi?

LE CURÉ

Le papier marqué, c'est le papier timbré.

FONSE

Le papier des procès! Alors je me demande si je dois l'écouter.

L'INSTITUTEUR

Pourquoi?

TONIN

Vous ne savez pas qu'on peut faire guillotiner un homme avec une feuille de papier marqué?

L'INSTITUTEUR

Ce serait trop beau!

LE CURÉ

N'aie pas peur, Fonse. Tu ne risques absolument rien. Ecoutons la proposition de Jofroi.

L'INSTITUTEUR

Je crois qu'on va rire un bon coup.

BARBE

Regardez-moi cet autre avec sa pipe! Il nous fait voir qu'on peut être en même temps un savant et un couillon.

On peut aussi être un couillon sans être un savant! Tout est possible!

JOFROI

Silence! *(Il a mis ses lunettes et il lit :)* Accord entre Monsieur Alphonse Durbec qu'on lui dit Fonse dans le village et Monsieur Elzéar-Clarius Jofroi, agriculteur, qu'on lui dit Jofroi de la Maussan depuis cinquante ans. Jofroi avoue publiquement qu'il a vendu le verger de la Maussan à Monsieur Fonse.

FONSE

Tu n'as pas besoin de l'avouer, c'est écrit sur le papier du notaire.

BARBE

C'est ça, fais un peu voir ton mauvais caractère, avant de savoir la suite.

FONSE

Qué suite, je m'en fous de la suite! J'ai payé, je suis chez moi, un point c'est tout.

BARBE

Vous voyez, Monsieur le Curé, vous voyez comme il est grossier?

LE CURÉ

Fonse, un peu de patience.

JOFROI *(il lit)*

Monsieur Jofroi, pour ne pas être chicanier et quoi que ça ne soit pas sur les papiers du notaire (souligné une fois), reconnaît que Monsieur Fonse a le droit de soigner les arbres du verger de la Maussan et même de faire la récolte des fruits s'il y en a.

FONSE

En achetant le verger, je n'ai pas acheté les arbres?

BARBE

Ce n'est pas sur le papier du notaire. Je l'ai vu moi le papier du notaire, il n'y a pas plus d'arbre que sur un toit.

TONIN

Oh mais dites, Barbe, quand on achète un verger, on achète aussi les arbres.

FONSE *(véhément)*

Les arbres, les herbes, la terre, les pierres et tout ce qu'il y a dedans, et quand on achète une maison, on achète aussi les tuiles, et il n'y a pas besoin que ça soit sur les papiers du notaire.

TONIN

Ça c'est évident.

JOFROI

Je suis tout à fait d'accord; mais tu n'as

jamais vu quelqu'un qui achète une maison, et qui monte tout de suite sur le toit avec un marteau pour casser les tuiles.

BARBE *(triomphale)*

Et voilà! Il ne sait plus quoi répondre!

DELPHINE

Bravo, Jofroi! Il a raison.

FONSE

Mais quand les tuiles sont déjà toutes cassées, on les remplace.

LE CURÉ

C'est évident.

BARBE

Attendez une minute, et vous allez voir! Vas-y, Jofroi.

110

JOFROI *(il reprend sa lecture)*

Les arbres, quoique ça n'est pas sur le papier du notaire, M. Jofroi veut bien les confier à M. Fonse.

BARBE

Voilà, tu vois que tu avais tort de crier. Les arbres, il te les confie.

FONSE *(il se lève)*

Je m'en fous qu'il me les confie, ils sont à moi, je n'ai pas besoin de lui pour les confier à qui je veux. Un de ces quatre matins, je vais les confier à ma picosse, et j'en ferai six douzaines de fagots, et je les confierai à ma cheminée.

BARBE

Vous voyez comme il est! Tout de suite des menaces!

Tais-toi, Barbe. Il faut écouter la suite. « M. Jofroi veut bien les confier à M. Fonse, à condition qu'il ne les arrache pas! »

TONIN

Li sian maï! *(Ça recommence.)*

JOFROI

Deuxièmement : M. Fonse les laissera tailler par M. Jofroi.

FONSE *(sarcastique)*

Troisièmement : M. Fonse bâtira des vitrines tout autour, avec une veilleuse allumée pour qu'ils n'aient pas peur la nuit!

JOFROI *(sévère)*

Fonse, on ne plaisante pas dans une affaire sérieuse comme celle-là. Troisièmement – écoute bien ça – troisièmement, M. Fonse pourra arracher trois abricotiers, ceux du bord de la route, et quatre pêchers que j'ai

marqués avec une croix de peinture blanche.
Ça lui fera de la place pour six raies de
pommes d'amour, et quatre raies de pommes
de terre, comme il voudra!

BARBE

Tu vois comme il y met de la bonne
volonté.

FONSE *(calme)*

Jofroi, ce n'est pas la peine de continuer.
Moi, je te préviens que lundi matin j'arriverai
avec deux gendarmes, et j'arracherai tous ces
arbres morts, parce qu'il faut que je gagne
ma vie, et que je nourrisse ma femme.

Murmures et huées.

JOFROI *(amèrement triomphal)*

Voilà, je le savais d'avance. On a beau lui
faire des sacrifices, il revient toujours à son
idée : arracher mes arbres! Il y pensait déjà il
y a vingt ans! Bon. N'en parlons plus. Vous

êtes tous témoins : j'ai fait tout mon possible pour arranger cette affaire. Ça n'a pas réussi. Par conséquent, demain c'est la fête du village, la grande fête de la Saint-Dominique. Eh bien demain au milieu de la fête, je viendrai me pendre. Et comme ça mon assassin sera content! Oui, parfaitement, je me pendrai!

FONSE

Ça, c'est ton affaire : ça ne me regarde pas.

JOFROI

Mais je te conseille de ne pas venir à mon enterrement.

FONSE

Si c'est lundi, je ne pourrai pas : je serai en train de nettoyer mon verger.

Mais tu ne dormiras pas bien, parce que, dès que je serai mort, je viendrai à minuit juste te tirer par les pieds.

FONSE

Si tu viens me tirer par les pieds au dernier coup de minuit, moi je te coiffe avec mon pot de chambre.

BARBE

Tu oserais faire ça à un mort?

DELPHINE

C'est un bestiari! Ça ne respecte rien!

LA GROSSE BLONDE

C'est un sophisme! Tout le monde le sait! Sophisme!

ARSÈNE

Augusta, regarde mon pied : si je ne le retiens pas, il va te sauter aux fesses!

Les vieilles hurlent.

JOFROI

Maintenant, j'ai assez parlé. D'ici à demain après-midi, tu as le temps de réfléchir. Et ce papier, je te le laisse.

FONSE

Là, tu me fais plaisir, parce que je pourrai le montrer à tout le monde.

JOFROI

Salut la compagnie, et à demain!

Il s'éloigne. Au bout de quelques pas, il s'arrête, se retourne, sort une langue de pendu, allongeant son cou, et les bras ballants. Puis il crie : « Assassin Fonse! », et s'en va, suivi de Barbe. Les vieilles entourent Fonse. La petite bossue, qui a sur les joues des virgules de poils blancs, crie :

LA BOSSUE

Signe ce papier, enfant de l'enfer!

DELPHINE

Signe tout de suite, voleur de verger!

FONSE

Tenez, voilà ce que j'en fais de ce papier!

Il le déchire en petits morceaux qu'il jette au vent. Les vieilles hurlent, et Mélanie veut griffer Fonse qui la repousse brutalement; mais tout à coup, Tonin prend la grosse colère, et crie à son tour.

TONIN

Allez-vous-en, tas de vieilles mémés; retournez vite au coin des cheminées, sous les jambons et les saucisses! Allez-vous-en sur vos petites chaises, dire du mal de tout le monde! Et vous pouvez dire du mal de moi, j'irai quand même à votre enterrement.

BARBE

Marrias, c'est nous qui t'enterrerons!

Elles font des signes de croix.

TONIN

Eh bien moi, je vous dis que vous allez toutes mourir avant Pâques, parce que je vais vous jeter le sort du grand Albert!

Il monte d'un bond sur le parapet, les vieilles reculent.

Je fais d'abord le signe de croix à l'envers! *(Il le fait, gravement.)*

LE CURÉ *(sévère)*

On ne plaisante pas avec les symboles sacrés!

TONIN

Je m'en accuserai à confesse!

Il crie soudain.

Abracadabra! Abraxa! Abracadabracada-
bra!

*Avec de larges gestes, il lance en même
temps des poignées d'invisibles malédictions.
Les vieilles reculent encore, effrayées.*

TONIN *(il hurle)*

Alibofistoc! Quatre à l'hôpital, cinq au
cimetière! Pas de pitié pour les vieilles sorciè-
res! Il faut leur donner la bénédiction du
diable.

*Il ferme ses poings sauf l'index et le petit
doigt qu'il pointe vers les vieilles en criant :
« Hii... Hii... » Les vieilles prennent la fuite, en
faisant des signes de croix.*

FONSE

Merci, Tonin... Merci... Tu le crois, toi,
qu'il va venir se pendre au milieu de la
fête?

S'il se pend, on le dépendra, et on l'enter-
rera. Allez, zou, ne te fais pas de mauvais
sang. Ce n'est pas de ta faute s'il est fou.

Fonse s'éloigne, soucieux.

L'APRÈS-MIDI

*Barbe ramasse des légumes dans le petit
potager, le derrière en l'air. Jofroi sort sur la
pointe des pieds de la petite écurie, un rouleau
de corde sur son avant-bras. Il contourne la
maison et disparaît. Nous le retrouvons sur la
petite route qui descend au village. Sa corde
s'est déroulée, et traîne longuement derrière
lui.*

SUR L'ESPLANADE

*Une petite estrade porte quatre musiciens :
un cornet à pistons, une clarinette, un trom-
bone et un tambour. Tout le village danse, sauf*

Fonse et Tonin qui sont assis sur le parapet, avec l'instituteur. M. le Curé est debout devant eux.

Jofroi paraît au bout de l'esplanade, traînant sa corde. L'instituteur se lève, et avertit les danseurs.

L'INSTITUTEUR

Attention! Le voilà! Ne le regardez pas! Ne lui parlez pas!

Jofroi s'avance, et traverse la danse. Tous feignent de ne pas le voir. Il est surpris et déçu, et vient tout droit vers Monsieur le Curé.

LE CURÉ

Alors, mon pauvre Jofroi, tu ne veux pas manquer ton rendez-vous avec le Diable?

JOFROI

Il n'est pas aussi méchant que Fonse!

FONSE

Qu'est-ce qu'il faut entendre!

JOFROI

C'est à cause de toi que je vais me pendre.

FONSE

C'est ton affaire.

JOFROI

C'est surtout la tienne.

FONSE

Moi? Je m'en fous complètement. Au contraire ça m'arrange que tu te pendes aujourd'hui, parce que c'est demain que commence la bonne lune pour les pois chiches, et j'aurai le temps de les planter avant d'arracher les arbres...

Voilà, Monsieur le Curé, voilà ce qu'il veut faire...

FONSE

Eh oui, voilà ce que je veux faire chez moi.

JOFROI

Alors, tu ne crois pas que je viendrai te tirer par les pieds à minuit?

FONSE

Au contraire, j'en suis sûr. La preuve c'est que je vais acheter un pot de chambre géant, qui te descendra jusqu'aux épaules. Allez, zou, va te pendre, que tu nous empêches d'entendre la musique.

JOFROI

D'accord. Vous êtes témoin, Monsieur l'Instituteur? Il veut me forcer à me pendre.

Rien ne vous oblige à le faire.

JOFROI

C'est lui qui m'oblige. Adieu à tous.

Dans le parapet, il y a une petite porte à claire-voie : elle s'ouvre sur un escalier qui descend au verger de Félix, en contrebas de l'esplanade. Jofroi, suivi par sa corde, descend au verger. Fonse, l'instituteur et le Curé se penchent au bord du parapet, et regardent Jofroi qui examine les arbres l'un après l'autre. Enfin, il grimpe dans un vieux cerisier.

Sur l'esplanade, Fonse crie :

FONSE

O Félix! Il monte dans ton cerisier!

Félix lâche aussitôt sa danseuse, et descend en courant vers Jofroi, qui monte dans le cerisier.

FÉLIX

O Jofroi, descends tout de suite! Si tu veux te pendre, va te pendre ailleurs!

Tout en parlant, il a saisi le bout de la corde fatale.

JOFROI

Félix, ne fais pas l'imbécile... Après, tu pourras la prendre, cette corde... Ça sera un porte-bonheur extraordinaire, surtout si elle est entière.

FÉLIX

Si c'est un cadeau, va le faire à Séraphin... C'est ton cousin, le Séraphin... Va, va te pendre au platane du Séraphin... C'est plus haut qu'ici, tu auras une plus belle vue!

Jofroi redescend du cerisier.

JOFROI

Toujours le même, Félix, toujours égoïste... Quand il s'agit de rendre service... Enfin, je vais me pendre au platane du Séraphin. Lâche ma corde, voleur!

Félix lâche la corde, et Jofroi remonte l'escalier. Il traverse de nouveau les danseurs, qui feignent de ne pas le voir.

DEVANT LA MAISON DE SÉRAPHIN

Les volets sont fermés. Une échelle est appliquée contre le tronc du platane. Jofroi, chevauchant le départ horizontal d'une basse branche, finit de nouer sa corde à cette branche.

Derrière une haie voisine, on distingue à travers le feuillage le visage de Fonse, qui surveille l'opération. Nous revenons à Jofroi.

Sur sa branche, il passe le nœud coulant autour de son cou. Puis il ricane, et crie :

JOFROI

Fonse, je vois ta figure d'assassin!

Nous revenons à Fonse, qui ouvre soudain des yeux exorbités. Jofroi vient de se laisser glisser. Fonse s'élance, le tient dans ses bras, et le soulève.

FONSE

Au secours! Au secours!

La vieille Barbe, qui descendait vers le village, arrive en courant de son mieux.

BARBE

Jofroi!

FONSE

Appelez quelqu'un! Je le tiens bien!

JOFROI

Lâche-moi, assassin.

Il gigote, et tire à poignées les cheveux de Fonse. Barbe descend en courant vers l'aire, en criant : « Au secours! Il s'est pendu! Il s'est pendu! »

LE BAL SUR L'ESPLANADE

M. LE CURÉ

Catastrophe! Le malheureux!

L'instituteur part en courant le premier, la foule le suit.

SOUS LE PLATANE

Un jeune garçon est monté dans l'arbre et dénoue l'extrémité de la corde, pendant que Jofroi s'agite désespérément, la corde au cou dans les bras de Fonse.

Le jeune garçon réussit enfin à détacher la corde. Fonse dépose Jofroi sur le sol. La foule arrive, précédée par Tonin, l'instituteur et le curé. Fonse essaye de déboutonner le col du gisant. Jofroi hurle.

JOFROI

Au secours! Il veut m'étrangler!

L'INSTITUTEUR

Puisque vous vouliez vous pendre, ce serait vous rendre service!

BARBE

Mon pauvre homme! Bande d'assassins!

LE CURÉ

Mais non, Barbe. Vous voyez bien qu'on l'a sauvé, et c'est Fonse qui l'a sauvé! Non seulement de la mort, mais de l'enfer!

LA CHAMBRE DE FONSE

La nuit, à peine éclairée par un rayon de lune. Marie, sa femme, dort. Soudain Fonse se penche au bord de son lit, et saisit l'un de ses propres souliers. Il crie, d'une voix enrouée :

FONSE

Venez vite! Aidez-moi! Il va m'échapper!

Sa femme s'éveille.

MARIE

Qu'est-ce que tu dis, Fonse?

FONSE

C'est Jofroi! Je le tiens par son soulier...
Dépêche-toi! Je vais le lâcher!

MARIE *(allume la bougie,
pendant que Fonse se bat avec le soulier,
puis elle frappe sur l'épaule de son mari)*

Fonse, réveille-toi! Réveille-toi, mon pauvre homme...

*Fonse lâche le soulier, et se frotte les
yeux.*

FONSE

Quelle émotion! Figure-toi que Jofroi avait
sauté du haut de la barre du Réguier... Je

l'avais juste rattrapé par son soulier... Et il gigotait, le salaud...

MARIE

Mais n'y pense plus, grand imbécile! Si on ne peut même plus dormir à cause de ce Jofroi de malheur! Tu as bien vu qu'il ne s'est pas pendu!

FONSE

Au contraire! J'ai bien vu qu'il s'est pendu puisqu'il a fallu le dépendre...

MARIE *(furieuse)*

Moi, je vais y monter au verger... Avec deux litres de pétrole et une boîte d'allumettes, et je le nettoie en vingt minutes, le verger... Sans compter que la cendre c'est un bon engrais... Endors-toi, gros fada.

FONSE

Oui, oui, je me rendors... Mais n'éteins pas la bougie...

MARIE

Au contraire. Je la souffle tout de suite.

Elle fait ce qu'elle dit. Dans la nuit, on entend Fonse qui gémit à voix basse.

FONSE

Quel sophisme! Ah ça, on peut le dire... Quel sophisme!

DEVANT SA PORTE

Fonse aiguise mélancoliquement une hache. Un petit garçon arrive en courant, hors d'haleine.

LE PETIT GARÇON

Monsieur Fonse, il est mort!

132

FONSE

Qui?

LE PETIT GARÇON

Jofroi.

FONSE *(il se lève)*

Qui te l'a dit?

LE PETIT GARÇON

Je l'ai vu! Il est en bas, sur la route, couché sur le dos, les bras tout écarquillés, comme un Bon Dieu!

FONSE

Va vite prévenir Tonin et M. le Curé!

LE PETIT GARÇON

Je leur ai déjà dit.

FONSE

Allons-y.

Ils partent à pas pressés. Au coin de la rue et de l'esplanade, ils rencontrent l'instituteur et le Curé, et dans la grande descente, Tonin court devant eux. A un tournant, il s'arrête, et lève les bras au ciel. Tous arrivent auprès de lui. Jofroi est étendu sur le sol, les bras en croix. Son visage est cadavérique. Fonse et Tonin se découvrent.

FONSE *(à voix basse)*

Vous croyez que c'est une automobile?

TONIN

On ne voit pas de blessure...

FONSE

Regarde un peu s'il est raide...

Tonin se baisse, et prend la main de Jofroi.

Jofroi ouvre tout à coup des yeux étince-
lants, et crie :

JOFROI

Je te défends de me toucher.

LE CURÉ

Que fais-tu là?

JOFROI

Je veux me faire écraser par les automobiles.

L'INSTITUTEUR

La comédie continue!

FONSE

Elles te verront de loin les automobiles!

Non, parce qu'il y a le tournant!

Il referme les yeux.
On entend un klaxon derrière le tournant.
Fonse se précipite, et fait de grands signaux.
La voiture paraît, ralentit, et s'arrête devant
Jofroi. Une tête paraît à la portière : c'est celle
d'un monsieur fort bien habillé, et distingué.

LE MONSIEUR

Un accident?

FONSE

Pas du tout.

JOFROI

Je veux me faire écraser. Parce que Monsieur Fonse veut arracher mes arbres. Allez-y! Ce sera pas vous le responsable. Ce sera lui.

LE MONSIEUR

Monsieur est gaga?

FONSE

Non, mais il est méchant.

LE MONSIEUR

Enlevez-le de là, s'il vous plaît.

FONSE

Ah non! Moi je n'y touche pas.

LE CURÉ

Allons, Jofroi, levez-vous!

JOFROI

Jamais de la vie!

Le Monsieur descend de sa voiture, prend Jofroi par les pieds, et le traîne sans façon jusque dans le caniveau, où coule un très petit ruisseau.

LE MONSIEUR

Un peu de fraîcheur lui fera du bien.

Il remonte dans sa voiture, et démarre.

JOFROI

Il en viendra un autre.

Il veut se recoucher sur la route.

LE CURÉ

Jofroi, rentre vite chez toi. Parce que si tu restes ici, trempé comme tu es, tu vas mourir de la pneumonie.

Jofroi éternue deux fois.

TONIN

Ça recommence! Relève-toi vite, et cours te sécher! Parce que si tu meurs de la pneumonie, ça ne sera pas la faute de Fonse!

Tu as raison, Tonin. Merci!

Il quitte son veston, le place sur son bras et dit :

A la prochaine!

Il part au trot.

LA CHAMBRE DE FONSE

Fonse est au lit, soutenu par des coussins. Il a un grand bonnet de nuit de paysan. Il est tout pâle, et très abattu. Auprès de lui, Tonin, l'instituteur, et sa femme Marie.

L'INSTITUTEUR

C'est purement nerveux, mon cher Fonse...

MARIE

Depuis six semaines que ça dure, les nerfs

ont fini par se faire un nœud sur son estomac, et il a complètement perdu l'appétit... Hier, dans la toute journée, il a mangé un anchois et un oignon!

FONSE

Et pourtant, elle avait préparé un aïoli magnifique...

TONIN

Un aïoli?

MARIE

Oui. Et il était réussi. Le pilon y tenait debout!

TONIN

Et tu n'en as pas mangé?

FONSE

J'ai pas eu envie!

L'INSTITUTEUR

La situation est donc assez grave. Et sans aucun motif valable... Voyons, Fonse, combien de fois s'est-il suicidé?

FONSE

Au moins quinze fois!

TONIN

Peut-être plus.

L'INSTITUTEUR

Il est donc parfaitement évident qu'il ne se tuera jamais.

FONSE

Je le sais bien qu'il ne veut pas se tuer! Mais avec toutes ses singeries, il se tuera un jour sans le faire exprès! Quand il a fait semblant de manger des clous l'autre jour sur la place, il en a tout de même avalé cinq ou six! Et où ils sont ces clous maintenant? Et quand il s'est jeté dans le canal, si le cantonnier ne l'avait pas vu? On l'aurait retrouvé à la vanne avec un ventre comme une pastèque.

L'INSTITUTEUR

Mais moi je dis que s'il n'avait pas vu le cantonnier, il ne se serait pas jeté à l'eau.

FONSE

Et quand il est allé chercher de l'acide chez l'épicier, qu'est-ce qu'il en aurait fait si on lui avait donné? Et il parle, et il parle! Et il dit à tout le monde : « Ce Fonse, quel monstre! » et les gens s'imaginent tous que je lui ai fait des choses terribles.

TONIN *(navré)*

Eh oui, les gens se l'imaginent.

FONSE

Et hier, ma pauvre Marie est rentrée ici en
pleurant. Vous savez pas ce qu'elle avait vu?
Elle avait vu des enfants qui jouaient à
Jofroi. C'était le fils du garde qui faisait
Jofroi, et le petit de l'épicier, on lui a dit :
« Toi tu vas faire Fonse » et il a répondu :
« Ah non, je suis pas un assassin! »

TONIN

Allons, Fonse, ce sont des paroles d'enfants!

FONSE

Ah! Monsieur le Curé avait bien raison de
le dire : quel sophisme! quel sophisme!

TONIN

Ah oui! C'est un drôle de sophisme!

FONSE

Et puis il y a la grosse colère que j'ai de ce
verger. Je n'y suis plus retourné. Je n'ai rien

cultivé cette année. Au printemps prochain, je n'aurai que mes pois chiches de Marcellin et quatre fèves de mon champ des Bellons. Qu'est-ce qu'elle mangera ma femme?

TONIN

Elle mangera le cochon et puis, tu sais que je suis là.

FONSE

Merci, Tonin, tu es brave, toi, merci. Mais moi je suis devenu fada, et la meilleure chose que je puisse faire, c'est de me laisser mourir.

TONIN

Allons, allons, Fonse...

Fonse ne répond pas, et il ferme les yeux. Tonin secoue la tête, et regarde l'instituteur, qui est désolé. A ce moment, M. le Curé entre, le visage grave, et d'une voix presque solennelle, il parle.

LE CURÉ

Il est mort.

Fonse ouvre les yeux.

FONSE

Pas encore. *(A Marie.)* C'est toi qui as fait
venir Monsieur le Curé pour me confesser?

MARIE

Mais non, Fonse!

LE CURÉ

Ce que je viens vous annoncer, c'est que le
pauvre Jofroi est mort...

*Fonse, du bout de l'index, tire vers le bas sa
paupière inférieure, et regarde fixement le
prêtre.*

FONSE

Té! On me l'a déjà fait...

LE CURÉ

Je t'affirme qu'il est mort, Fonse. J'ai eu tout juste le temps de l'administrer.

TONIN

Il s'est suicidé?

LE CURÉ

Heureusement non. Dieu lui est venu en aide, et l'a sauvé.

FONSE *(épouvanté)*

Il l'a ressuscité?

LE CURÉ

Non. Je veux dire que dans sa bonté, le Seigneur lui a accordé une attaque foudroyante d'apoplexie, c'est-à-dire une mort naturelle, avec tous les sacrements...

Fonse bondit hors de son lit, au comble de la joie.

FONSE

Mes pantalons, vite, mes pantalons!

L'INSTITUTEUR

Le voilà prêt pour un aïoli!

FONSE

Tonin, cours vite atteler le mulet!

MARIE

Où vas-tu?

FONSE

Je monte à notre verger de la Maussan!

LE CURÉ

Non, Fonse, pas aujourd'hui... Le pauvre Jofroi est couché tout raide sur son lit de mort, entre deux petites bougies bénites, et sa vieille femme pleure entre le neveu boiteux et le cousin qui a presque cent ans... Tant qu'il est là, ne va pas faire craquer, si près de lui, les os des vieux arbres qu'il a tant aimés.

FONSE

Vous avez raison, Monsieur le Curé. Je n'irai qu'après-demain. Marie, va chercher la bouteille d'anis et une grande cruche d'eau fraîche... Asseyez-vous un moment, qu'on parle un peu...

Ils s'assoient autour de la table pendant que Marie installe les verres.

FONSE

Oui, j'irai après-demain, mais ces arbres, je ne les arracherai pas tous... Il y en a deux ou trois qui ne me gênent pas... Le poirier bossu, et l'abricotier fada, je les garderai, parce que ça m'économisera du travail...

VIE DE MARCEL PAGNOL

Marcel Pagnol est né le 28 février 1895 à Aubagne.

Son père, Joseph, né en 1869, était instituteur, et sa mère, Augustine Lansot, née en 1873, couturière.

Ils se marièrent en 1889.

1898 : naissance du Petit Paul, son frère.

1902 : naissance de Germaine, sa sœur.

C'est en 1903 que Marcel passe ses premières vacances à La Treille, non loin d'Aubagne.

1904 : son père est nommé à Marseille, où la famille s'installe.

1909 : naissance de René, le « petit frère ».

1910 : décès d'Augustine.

Marcel fera toutes ses études secondaires à Marseille, au lycée Thiers. Il les terminera par une licence ès lettres (anglais) à l'Université d'Aix-en-Provence.

Avec quelques condisciples il a fondé *Fortunio*, revue littéraire qui deviendra *Les Cahiers du Sud*.

En 1915 il est nommé professeur adjoint à Tarascon.

Après avoir enseigné dans divers établissements scolaires à Pamiers puis Aix, il sera professeur adjoint et répétiteur d'externat à Marseille, de 1920 à 1922.

En 1923 il est nommé à Paris au lycée Condorcet.

Il écrit des pièces de théâtre : *Les Marchands de gloire* (avec Paul Nivoix), puis *Jazz* qui sera son premier succès (Monte-Carlo, puis Théâtre des Arts, Paris, 1926).

Mais c'est en 1928 avec la création de *Topaze* (Variétés) qu'il devient célèbre en quelques semaines et commence véritablement sa carrière d'auteur dramatique.

Presque aussitôt ce sera *Marius* (Théâtre de Paris, 1929), autre gros succès pour lequel il a fait, pour la première fois, appel à Raimu qui sera l'inoubliable César de la Trilogie.

Raimu restera jusqu'à sa mort (1946) son ami et comédien préféré.

1931 : Sir Alexander Korda tourne *Marius* en collaboration avec Marcel Pagnol. Pour Marcel Pagnol, ce premier film coïncide avec le début du cinéma parlant et celui de sa longue carrière cinématographique, qui se terminera en 1954 avec *Les Lettres de mon moulin*.

Il aura signé 21 films entre 1931 et 1954.

En 1945 il épouse Jacqueline Bouvier à qui il confiera plusieurs rôles et notamment celui de Manon des Sources (1952).

En 1946 il est élu à l'Académie française. La même année, naissance de son fils Frédéric.

En 1955 *Judas* est créé au Théâtre de Paris.

En 1956 *Fabien* aux Bouffes Parisiens.

En 1957 publication des deux premiers tomes de *Souvenirs d'enfance* : *La Gloire de mon père* et *Le Château de ma mère*.

En 1960 : troisième volume des *Souvenirs* : *Le Temps des secrets*.

En 1963 : *L'Eau des collines* composé de *Jean de Florette* et *Manon des Sources*.

Enfin en 1964 *Le Masque de fer*.

Le 18 avril 1974 Marcel Pagnol meurt à Paris.

En 1977, publication posthume du quatrième tome des *Souvenirs d'enfance* : *Le Temps des amours*.

BIBLIOGRAPHIE

1926. *Les Marchands de gloire*. En collaboration avec Paul Nivoix, Paris, L'Illustration.
1927. *Jazz*. Pièce en 4 actes, Paris, L'Illustration. Fasquelle, 1954.
1931. *Topaze*. Pièce en 4 actes, Paris, Fasquelle.
   Marius. Pièce en 4 actes et 6 tableaux, Paris, Fasquelle.
1932. *Fanny*. Pièce en 3 actes et 4 tableaux, Paris, Fasquelle.
   Pirouettes. Paris, Fasquelle (Bibliothèque Charpentier).
1933. *Jofroi*. Film de Marcel Pagnol d'après *Jofroi de la Maussan* de Jean Giono.
1935. *Merlusse*. Texte original préparé pour l'écran, Petite Illustration, Paris, Fasquelle, 1936.
1936. *Cigalon*. Paris, Fasquelle (précédé de *Merlusse*).
1937. *César*. Comédie en deux parties et dix tableaux, Paris, Fasquelle.
   Regain. Film de Marcel Pagnol d'après le roman de Jean Giono (Collection « Les films qu'on peut lire »). Paris-Marseille, Marcel Pagnol.
1938. *La Femme du boulanger*. Film de Marcel Pagnol d'après un conte de Jean Giono, « Jean le bleu ». Paris-Marseille, Marcel Pagnol. Fasquelle, 1959.
   Le Schpountz. Collection « Les films qu'on peut lire », Paris-Marseille, Marcel Pagnol, Fasquelle, 1959.

1941. *La Fille du puisatier*. Film, Paris, Fasquelle.

1946. *Le Premier Amour*. Paris, Editions de la Renaissance. Illustrations de Pierre Lafaux.

1947. *Notes sur le rire*. Paris, Nagel.
Discours de réception à l'Académie française, le 27 mars 1947. Paris, Fasquelle.

1948. *La Belle Meunière*. Scénario et dialogues sur des mélodies de Franz Schubert (Collection « Les maîtres du cinéma »), Paris, Editions Self.

1949. *Critique des critiques*. Paris, Nagel.

1953. *Angèle*. Paris, Fasquelle.
Manon des Sources. Production de Monte-Carlo.

1954. *Trois lettres de mon moulin*. Adaptation et dialogues du film d'après l'œuvre d'Alphonse Daudet, Paris, Flammarion.

1955. *Judas*. Pièce en 5 actes, Monte-Carlo, Pastorelly.

1956. *Fabien*. Comédie en 4 actes, Paris, Théâtre 2, avenue Matignon.

1957. *Souvenirs d'enfance*. Tome I : La Gloire de mon père. Tome II : Le Château de ma mère. Monte-Carlo, Pastorelly.

1959. *Discours de réception de Marcel Achard à l'Académie française et réponse de Marcel Pagnol,* 3 décembre 1959, Paris, Firmin Didot.

1960. *Souvenirs d'enfance*. Tome III : Le Temps des secrets. Monte-Carlo, Pastorelly.

1963. *L'Eau des collines*. Tome I : Jean de Florette. Tome II : Manon des Sources, Paris, Editions de Provence.

1964. *Le Masque de fer*. Paris, Editions de Provence.

1970. *La Prière aux étoiles, Catulle, Cinématurgie de Paris, Jofroi, Naïs*. Paris, Œuvres complètes, Club de l'Honnête Homme.

1973. *Le Secret du Masque de fer*. Paris, Editions de Provence.

1977. *Le Rosier de Madame Husson, Les Secrets de Dieu.*

Paris, Œuvres complètes, Club de l'Honnête Homme.

1977. *Le Temps des amours*, souvenirs d'enfance, Paris, Julliard.

1981. *Confidences*. Paris, Julliard.

1984. *La Petite fille aux yeux sombres*. Paris, Julliard.

Les œuvres de Marcel Pagnol sont publiées dans la collection de poche « Fortunio » aux éditions de Fallois.

Traductions

1947. William Shakespeare, *Hamlet*. Traduction et préface de Marcel Pagnol, Paris, Nagel.

1958. Virgile, *Les Bucoliques*. Traduction en vers et notes de Marcel Pagnol, Paris, Grasset.

1970. William Shakespeare, *Le Songe d'une nuit d'été*. Paris, Œuvres complètes, Club de l'Honnête Homme.

FILMOGRAPHIE

1931 – MARIUS (réalisation A. Korda-Pagnol).
1932 – TOPAZE (réalisation Louis Gasnier).
       FANNY (réalisation Marc Allégret, supervisé par
       Marcel Pagnol).
1933 – JOFROI (d'après *Jofroi de la Maussan* : J. Giono).
1934 – ANGÈLE (d'après *Un de Baumugnes* : J. Giono).
1934 – L'ARTICLE 330 (d'après Courteline).
1935 – MERLUSSE.
       CIGALON.
1936 – TOPAZE (deuxième version).
       CÉSAR.
1937 – REGAIN (d'après J. Giono).
1937-1938 – LE SCHPOUNTZ.
1938 – LA FEMME DU BOULANGER (d'après
       J. Giono).
1940 – LA FILLE DU PUISATIER.
1941 – LA PRIÈRE AUX ÉTOILES (inachevé).
1945 – NAÏS (adaptation et dialogues d'après E. Zola,
       réalisation de Raymond Leboursier, supervisé par
       Marcel Pagnol).
1948 – LA BELLE MEUNIÈRE (couleur Roux Color).

155

IMPRIMÉ EN FRANCE PAR BRODARD ET TAUPIN
Usine de La Flèche (Sarthe), le 01 - 03 - 1990.
1017C-5 - N° d'Éditeur 71, dépôt légal : mars 1990.

ÉDITIONS DE FALLOIS - 22, rue La Boétie - 75008 Paris
Tél. 42.66.91.95